DRESDEN – GESTERN UND HEUTE

»Elbflorenz« – so wird die europäische Kunst- und Kulturmetropole häufig genannt. Geprägt hat diese Bezeichnung Johann Gottfried Herder, als er die Stadt seinerzeit schwärmerisch als »deutsches Florenz« beschrieb. Es waren die zahlreichen barocken Prunkbauten, großartigen Kunstschätze und nicht zuletzt die prachtvolle Lage an der Elbe, die der Stadt diesen Namen gaben. Auch J. W. von Goethe äußerte sich begeistert mit den Worten: »Dresden ist ein Ort, der herrlich ist...«. Obwohl die Bombenangriffe vom 13. Februar 1945 – Dresden lag in Trümmern – Lücken hinterließen, sind viele der imposanten Bauwerke wiederhergestellt worden.
Die in den DDR-Zeiten begonnenen Projekte des Wiederaufbaus und der Restaurierung sind in den Jahren nach der Wiedervereinigung deutlich forciert worden und werden weiter vorangetrieben, so daß die aufblühende Stadt wieder sehenswert ist und immer mehr in altem-neuem Glanz erstrahlen wird.
Dresden ist Mittelpunkt des Ballungsraums Oberes Elbtal und liegt landschaftlich reizvoll in der buchtartigen Ausweitung des Flußtales am Rande der Lausitzer Granitplatte, umgeben von sanften Höhen-

Dresden • Stadtpanorama ▽

zügen. Im Norden befindet sich die Dresdner Heide, im Süden grenzt die Stadt an die Ausläufer des östlichen Erzgebirges und im Osten schließt sich das Elbsandsteingebirge an. Innerhalb der Stadtgrenze leben heute etwa 500 000 Menschen. Die Elbe durchfließt Dresden auf einer Länge von ca. 25 Kilometern mit einer Breite von bis zu 120 m und gliedert die Stadt am linken und rechten Ufer in Alt- und Neustadt.

1206 wurde Dresden erstmals erwähnt und 1216 als Stadt beurkundet, bis Ende des 15. Jahrhunderts war sie relativ unbedeutend. Erst als 1485 die albertinischen Wettiner Dresden zur Residenz (bis in das frühe 20. Jahrhundert) wählten, wuchs die historische Bedeutung. Das städtebauliche Bild wurde im Laufe der Jahrhunderte geprägt, die prachtvolle Architektur im Stil des Barock, der Neorenaissance und des Klassizismus haben Dresden weltberühmt gemacht. Insbesondere in der Regierungszeit von Friedrich August I., genannt August der Starke und seinem Sohn Friedrich August II. (als polnischer König August III.) herrschte in Dresden rege Bautätigkeit. Durch ergiebige Silbervorkommen und eine florierende Wirtschaft war das Haus Wettin

▽ *Dresden • Stadtpanorama bei Nacht*

reich geworden, so daß die Herrscher ihre Vorstellungen prunkvoll umsetzen konnten. August der Starke wollte Dresden zum »Venedig der Elbe« machen, die Stadt zum Wasser hin öffnen und den Fluß in die Gestaltung der Stadt mit einbeziehen. Hierfür konnte er viele namhafte Künstler wie den Architekten M. D. Pöppelmann und den Bildhauer B. Permoser begeistern, die den Zwinger schufen – ein in der Welt einzigartiges Werk des Barock.
Sieht man von der Neustadt – am rechten Elbufer – zur Altstadt hinüber, so wird man vom Anblick des Panoramas – dem »Canaletto-Blick«, den schon der italienische Maler in seinen Stadtansichten festhielt – überwältigt. Besonders bei Sonnenuntergang fasziniert die Silhouette mit Hofkirche, Schloß und Semperoper den Betrachter.
Die verschiedenen Kunstschätze der Stadt haben Weltrang. In der Augusteischen Zeit wurden nicht nur zahlreiche Künstler (z. B. der Maler Bernardo Bellotto, genannt Canaletto) an die Elbe geholt sondern auch diverse kostbare Sammlungen erworben. Darunter findet man weltbekannte Gemälde – wie Raffaels »Sixtinische Madonna« (Gemäldegalerie Alte Meister).

Im 19. Jahrhundert erlebte die Stadt eine neue Blütezeit. Wieder wirkten zahlreiche bekannte Künstler in Dresden – Komponisten wie Schumann, Richard Wagner und Carl Maria von Weber schufen in der Stadt bedeutende Werke. In dieser Zeit entstanden auch die klassizistischen Bauten wie Sempergalerie und Altstädter Wache. Noch heute ist das kulturelle Angebot der Stadt mit erstklassigen Konzerten, Opern- und Schauspielaufführungen sowie Festivals von hohem Niveau.
Die heutige Landeshauptstadt des Freistaates Sachsen ist Sitz des Ministerpräsidenten sowie des Landtages; sie hat nach wie vor eine große wirtschaftliche Bedeutung. Über 100 Banken und Versicherungen haben ihren Sitz in Dresden, andere Großkonzerne haben in neue Projekte investiert. Geschäftshäuser entstehen sowie Passagen mit ansprechenden Läden und Restaurants – das gastfreundliche Dresden lädt zum Bummeln und Verweilen ein. Lohnenswert für den Besucher ist eine romantische Dampferfahrt auf der Elbe. Ausflüge in die reizvolle Umgebung bieten sich an – ganz in der Nähe liegen die Porzellanstadt Meißen sowie die Sächsische Schweiz.

▽ *Katholische Hofkirche • Reiterstandbild König Johanns • Schloß (Residenzschloß) mit Hausmannsturm*

Theaterplatz

Nach den Plänen Gottfried Sempers wurde der von großartigen Bauten wie Zwinger, Schloß, Hofkirche und Semperoper umrahmte Theaterplatz gestaltet. Sein ursprüngliches Vorhaben, ein Forum von der Langgalerie des Zwingers bis hin zur Elbe zu schaffen, konnte Semper allerdings nicht realisieren. Trotzdem gehört der Platz in seiner verwirklichten Form zu den schönsten Europas. Mittelpunkt ist das von J. Schillings geschaffene ***Reiterstandbild König Johanns***, welches 1889 aufgestellt wurde. König Johann hatte eine Vorliebe für Wissenschaften und war als Dante-Forscher anerkannt. Das ***«Italienische Dörfchen»*** mit seiner klassizistischen Fassade ist 1912/13 entstanden. Das heutige Café und Restaurant schließt den Platz zur Elbe hin ab und liegt an der Stelle einer früheren Siedlung italienischer Handwerker und Künstler, die am Bau der Hofkirche beteiligt waren. Die ebenfalls klassizistische ***Altstädter Wache*** entwarf K. F. Schinkel, die Bauausführung leitete J. Thürmer (1830–32). Nach der Zerstörung im Zweiten Weltkrieg wurde sie wiederhergestellt. In der östlichen Ecke des Platzes steht das bronzene ***Denkmal für C. M. von Weber***.

▽ Theaterplatz • Semperoper • Zwinger • Italienisches Dörfchen • Katholische Hofkirche • Schloß *Reiterstandbild König Johanns (1889) ▷▷*

Semperoper

Der berühmte Architekt Gottfried Semper baute in der Zeit von 1838 bis 1841 die erste Semperoper im Stil der italienischen Frührenaissance. Ab 1843 wirkte Richard Wagner hier als Kapellmeister, bereits 1869 brannte das erste Opernhaus nieder. Die Pläne für den Neubau des Königlichen Hoftheaters – auch der gesamten Innengestaltung – schuf Semper in Wien. Die Bauausführung übertrug er seinem Sohn Manfred; so entstand 1871–1878 die Semperoper in veränderter Form neu im Stil italienischer Hochrenaissance. Im Laufe der Jahre fanden hier zahlreiche Ur- und Erstaufführungen mit bekannten Dirigenten statt. Am 31. August 1944 beendete man die Spielzeit mit Webers »Freischütz«, die Bombennacht am 13. Februar 1945 zerstörte das Opernhaus dann abermals. Unter der Leitung von W. Hänsch wurde es ab 1977 wiederhergestellt und 1985 – genau 40 Jahre nach der Zerstörung – wieder mit der Aufführung des »Freischütz« zum dritten Mal eröffnet. Heute ist die originalgetreue Rekonstruktion der zweiten Semperoper wieder zu bewundern: In der Mitte des zweigeschossigen, bogenförmigen Arkadenbaus

Vorderfront der Semperoper mit Hauptportal, Pantherquadriga, Mosaikkuppel der Exedra und den Sitzfiguren von Goethe und Schiller ▽

befindet sich die *Exedra* mit dem prunkvollen *Portal*. Die bronzene *Pantherquadriga* mit Dionysos (Sohn des Zeus und Gott des Weines) und Ariadne (Tochter des kretischen Königs Minos) auf der Exedra ist ein Werk von Johannes Schilling, die Bildhauerarbeiten auf dem Dach des Bühnenhauses stammen von Ernst Semper. Die von Ernst Rietschel geschaffenen Figuren rechts und links vom Eingang stellen Goethe und Schiller dar, denn anfangs diente die zweite Semperoper auch als Schauspielhaus. In den Seitennischen der Fassade befinden sich folgende vier Skulpturen namhafter Dichter von Julius Hähnel: auf der Seite des Zwingers – Shakespeare und der antike griechische Dichter Sophokles, auf der Seite zur Elbe – Molière und der griechische antike Dichter Euripides. Vom prunkvollen *Foyer* gelangt man durch reich geschmückte *Vestibüle (Treppenhallen)* und Wandelgänge zum originalgetreu rekonstruierten *Zuschauerraum*, der durch seine reiche Ausstattung besticht. Heute gibt es vier Zuschauerränge, der fünfte wird nur noch für Beleuchtungszwecke genutzt. Besonders beachtenswert sind die *Proszeniumslogen*, das aufwendig gestaltete

▽ Semperoper, Pantherquadriga

Vestibüle (Treppenhallen) ▷

I. RANG

△ *Semperoper, Zuschauerraum mit Galaloge*

Bühnenvorhang ▽

Bühnenportal, die durch Säulen flankierte *Galaloge*. Der kostbare *Bühnenvorhang* von Ferdinand Keller zeigt die auf dem Thron sitzende »Phantasie«. Ein umfangreiches Bilderprogramm bietet der *Plafond* (Rund der Raumdecke), die *Fünfminutenuhr* unterhalb des Proszeniumsgemäldes wird von Putten umrahmt. Besonders bemerkenswert ist die einzigartige Akustik der Semperoper, die weit über die Grenzen Dresdens bekannt ist. Der Besuch einer Aufführung in der Semperoper verspricht einen unvergeßlichen Abend.

Schauspielhaus

Gegenüber dem Kronentor des Zwingers errichteten die Architekten W. Lossow und M. H. Kühne von 1912–13 das Schauspielhaus auf sehr knapp bemessener Grundfläche. Hierbei paßten sie die zum Zwinger gelegene Fassade dessen Baustil an. Damals war das Schauspielhaus die modernste Sprechbühne Europas. Das Bauwerk, im Jahr 1945 ausgebrannt, wurde 1946–48 wiederaufgebaut. Vor der Wiedereröffnung der Semperoper bot das Schauspielhaus der Staatsoper bald 40 Jahre lang Domizil.

Semperoper, Oberes Rundfoyer ▽

△▽ Schauspielhaus

Katholische Hofkirche

Zwischen Theater- und Schloßplatz am südlichen Brückenkopf der Augustusbrücke steht die heutige Kathedrale St. Trinitatis des Bistums Dresden-Meißen (ehem. Katholische Hofkirche) – mit etwa 4.800 qm Sachsens größte Kirche. Entstanden ist der monumentale Sakralbau 1738–55 im Stil des italienischen Hochbarock als Pendant zur protestantischen Frauenkirche, der Bau der Hofkirche kostete allerdings erheblich mehr. Mit dem Bau beauftragte Kurfürst Friedrich August II. (König August III. von Polen) den römischen Architekten Gaetano Chiaveri, der später von drei deutschen Architekten abgelöst wurde. Italienische Handwerker und Künstler führten den Bau schließlich aus. Die 78 überlebensgroßen *Heiligenfiguren* auf den Balustraden und in den Nischen schuf der Bildhauer Lorenzo Mattiellis. 1945 brannte die Kirche aus, später wurden mehrfach Restaurierungsarbeiten ausgeführt. Im Stadtbild Dresdens dominiert der fast 90 m hohe *Glockenturm* mit dem Hauptportal und gehört zu den Wahrzeichen der Stadt. Der Haupteingang ist geschlossen, man gelangt durch einen Seiteneingang in das Innere der dreischiffigen

Katholische Hofkirche ▽

Basilika. Auffällig ist hier folgende Besonderheit: Um das Mittelschiff wurde ein breiter *Prozessions-Gang* angelegt, so daß Prozessionen im Inneren stattfinden konnten, um die vorwiegend evangelische Bevölkerung nicht zu provozieren. Auf beiden Seiten des Hauptaltars befinden sich *Logen*, die für die königlichen Familien bestimmt waren. Besonders sehenswert ist die prächtige holzgeschnitzte *Kanzel* (1712–22) von Balthasar Permoser sowie das *Hochaltarbild »Christi Himmelfahrt«* (9,30 m hoch, 4,20 m breit) von Anton Raphael Mengs – von ihm stammen auch die Seitenaltäre. Die kostbare *Orgel* (1753) von Gottfried Johann Silbermann ist eines seiner letzten und schönsten Werke. In den vier *Grufträumen* befinden sich 49 Sarkophage mit den Angehörigen des sächsischen Fürstengeschlechts, darunter Friedrich August II. und Dante-Forscher König Johann, dessen Bronze-Sarkophag besonders prunkvoll ist. Ferner steht hier die Kapsel mit dem Herzen Augusts des Starken, den Leichnam des polnischen Königs setzte man im Krakauer Dom bei. Durch vatikanisches Dekret wurde die Katholische Hofkirche 1980 zur Kathedrale des Bistums Dresden/Meißen erhoben.

▽ Katholische Hofkirche, Orgel von Gottfried Johann Silbermann (urspr. von 1753)

Kanzel (1722) von Balthasar Permoser ▷

Der Zwinger

Eines der bekanntesten Bauwerke Dresdens ist der Zwinger. Dieses weltberühmte Meisterwerk der Barockarchitektur besteht aus einem Ensemble verschiedener Pavillon- und Galeriebauten, die um einen Platz angelegt wurden. Der Begriff Zwinger stammt ursprünglich aus der Festungsbaukunst und bezeichnet den Freiraum zwischen innerer und äußerer Wehrmauer. 1709 wurde ein Teilstück der Dresdener Stadtbefestigung mit Holzgalerien umsäumt, um einen Festplatz zu schaffen. An dieser Stelle entstand 1710–32 in verschiedenen Bauphasen der Zwinger. August der Starke beauftragte den berühmten Architekten Matthäus Daniel Pöppelmann zunächst mit dem Bau einer Orangerie. Die *Eckpavillons* und eine *Bogengalerie* an der Wallseite wurden errichtet. Den architektonischen Glanzpunkt dieses Komplexes bildet der *Wallpavillon* mit seinen beeindruckenden Götter- und Heldenskulpturen; der Bildhauer Balthasar Permoser stand Pöppelmann zur Seite und schuf den reichen ornamentalen Schmuck – wie auch die meisten anderen Figuren und Ausschmückungen des Zwingers. Der in seiner Ausführung vollkommene

◁ *Katholische Hofkirche, Altar mit Altarbild »Christi Himmelfahrt« (Anton Raphael Mengs)*

Zwinger, Wallpavillon ▽

Wallpavillon wird von der Plastik des Herkules bekrönt, der die Weltkugel trägt. Im weiteren Bauabschnitt folgten die 36 Achsen zählende *Langgalerie* mit den *Pavillons* auf der Schloßseite und dem prächigen *Kronentor*, welches der eigentliche Hauptzugang des Zwingers ist. Die Attika des Kronentors besitzt reichen figuralen Schmuck, auf der zwiebelförmigen Kuppel wird die goldene Krone von vier polnischen Adlern getragen. Schließlich entstand an der Seite zum Schloß das spiegelgleiche Ebenbild des Wallseitentraktes mit dem *Glockenspielpavillon.* Nachträglich wurde 1924–36 ein Glockenspiel aus Meißner Porzellan installiert. Nach der Restaurierung im Jahr 1995 ist das Glockenspiel heute wieder intakt – zahlreiche Melodien sind programmiert. Die Elbseite der Anlage blieb vorerst offen, nur eine hohe Mauer schloß den Zwinger ab. Erst nach 1847 wurde an dieser Stelle die *Gemäldegalerie* im Stil der Hochrenaissance von Gottfried Semper errichtet, die Skulpturen schufen Ernst Rietschel, Ernst Julius Hähnel und Johannes Schilling. Nach der Zerstörung des Zwingers 1945 wurde er zügig wieder aufgebaut, die Arbeiten konnten 1963 abgeschlossen werden.

▽ *Zwinger, Nymphenbad*

Kronentor ▷

▽ *Nymphenbad*

Urprünglich war der Zwinger weiß und die Dächer hatten eine blauen Anstrich. Sehenswert ist das *Nymphenbad*, ein sagenhaftes barockes Wasserkunstwerk. Diese intime Anlage entstand hinter dem Französischen Pavillon und geht ebenfalls auf die Entwürfe Pöppelmanns zurück, die Realisierung erfolgte allerdings erst Anfang des 20. Jahrhunderts. In der Mitte des Nymphenbads befindet sich ein rechteckig gegliedertes Wasserbecken, in welches das Wasser über bizarre Kaskaden herabstürzt. Die phantasievolle Ausstattung (mit Delphinen und Tritonen sowie Nymphen in den Nieschen) läßt das Bad lebendig erscheinen. Am ganzen Zwingerbau befinden sich meisterhaft gestaltete Treppenanlagen, von den reich geschmückten Balustraden des Zwingers hat man den schönsten Blick über die gesamte Anlage. Einst wurde im Zwinger ausgiebig und ausschweifend gefeiert, ein höfisches Fest löste das andere ab. Vier Wochen lang dauerte die glanzvollste Lustbarkeit, die 1719 anläßlich der Hochzeit des Kurprinzen Friedrich August mit der Kaisertochter Maria Josepha standfand. Heutzutage sind Freiluftkonzerte im Zwingerhof ein besonderes Erlebnis.

▽ *Zwinger, Glockenspielpavillon*

Hermen am Wallpavillon ▷

Museen im Zwinger

Ursprünglich nutzte man den Zwinger als Orangerie und Festplatz, doch schon in der Augusteischen Zeit verlor er diese Bedeutung. Seitdem sind die Anlagen museal genutzt worden – bis heute. Die ***Porzellansammlung*** (Staatliche Kunstsammlung Dresden) ist im Südwestpavillon und in der Bogengalerie des Zwingers untergebracht und gehört neben dem chinesischen Kaiserpalast und dem Serail-Museum in Istanbul zu den größten ihrer Art. Gegründet wurde sie 1717 durch August den Starken, die Sammlung fand zunächst im heutigen Japanischen Palais Unterkunft. Ab 1876 beherbergte das Johanneum die Sammlung, seit 1962 wird sie im Zwinger präsentiert. Neben Produkten aus seiner eigenen Meißner Manufaktur erstreckte sich Augusts Sammelleidenschaft auf historische kostbare Stücke aus Ostasien. Sammelgebiete sind heute chinesische Keramik (vom 3. Jahrhundert v. Chr. bis zur Mingdynastie) und chinesisches Porzellan (15.–18. Jahrhundert), frühe japanische und koreanische Keramik sowie japanisches Porzellan. Außerdem sind die reichsten Sammlungen des Böttger-Steinzeugs und -Porzellans von

▽ Porzellansammlung *Porzellansammlung ▷▽*

Großer Blumenstrauß auf Bronzesockel (1749, Vincennes, Frankreich) △ *Der große Türke (1740/41, Johann Joachim Kaendler, Meißen)* ▽

△ *Zwinger, Sempergalerie*

Gemäldegalerie Alte Meister, Saal mit venezianischen Gemälden ▽

1710 bis 1720 sowie des Meißner Porzellans (u. a. Großfiguren von Johann Joachim Kändler, Johann Christian Kirchner) vorhanden. Zu finden sind hier ferner die berühmten Dragonervasen – August der Starke hatte diese mit weiteren Stücken bei Friedrich Wilhelm I. von Preußen gegen 600 Dragoner eingetauscht. Im Semperbau befindet sich die ***Gemäldegalerie Alte Meister***. Hier ist eine der umfangreichsten Sammlungen der alten europäischen Malerei des 15.–18. Jahrhunderts ausgestellt. Schon August der Starke und sein Sohn Friedrich August II. erwarben bedeutende Gemälde von internationalem Rang. 1722 gründeten Sie die erste Galerie, die 1747 im heutigen Johanneum untergebracht wurde. Ab 1855 wurden die Bilder schließlich in der damals neu erbauten Gemäldegalerie (Semperbau) ausgestellt. Im Laufe der folgenden Jahrzehnte ergänzte man die Sammlung durch weitere bedeutende Gemälde. Nach der Rekonstruktion infolge Zerstörungen im Zweiten Weltkrieg findet man hier wieder Meisterwerke der italienischen Renaissance wie Tizians »Zinsgroschen« (1516) und Raffaels »Sixtinische Madonna« (1512/13). Zu bewundern sind ferner Kunstwerke flämischer und

▽ Gemäldegalerie Alte Meister, Das Schokoladenmädchen (J. É. Liotard)

Herzog Heinrich der Fromme (Lucas Cranach der Ältere) ▽

Hofmaler Bernardo Bellotto, gen. Canaletto malte 1748 dieses Dresden-Panorama mit Augustusbrücke, Frauenkirche und Kath. Hofkirche (Gemäldegalerie Alte Meister).

Sixtinische Madonna (Raffael, um 1513) ▷▷

holländischer Maler wie Rembrandts »Selbstbildnis mit Saskia« (1635/39) und van Delfts »Bei der Kupplerin« (1656). Zu den wichtigsten Exponaten deutscher Maler gehören: der »Katharinenaltar« von Lucas Cranach d. Ä., das »Bildnis des Charles de Solier« von Hans Holbein d. J. sowie »Die Sieben Schmerzen der Maria« und das »Bildnis des Bernhard von Reesen« von Albrecht Dürer. Auch die alten Dresdner Stadtansichten Canalettos und das bekannte »Schokoladenmädchen« von Jean Étienne Liotard sind in der Gemäldegalerie Alte Meister zu sehen. Die ***Rüstkammer (Historisches Museum, Staatliche Kunstsammlungen Dresden)*** im Ostflügel des Semperbaus gehört zu den bedeutsamsten Prunkwaffensammlungen der Welt und zeigt u. a. ausgewählte Prunkwaffen und Harnische, zahlreiche Degen und Dolche, Jagd- und Turnierwaffen sowie Prunkgewänder sächsischer Fürsten aus der Zeit des 16.–18. Jahrhunderts. Zu den beachtlichsten Exponaten gehören der Prunkharnisch für Roß und Reiter des schwedischen Königs Erik XIV., das Scharfrennzeug (Turnierausrüstung) des Kurfürsten August sowie der Krönungsornat von August dem Starken, welchen

▽ Mathematisch-Physikalischer Salon, Astronomische Kunstuhr (Planetenlaufuhr)

Himmelsglobus – Globusuhr ▽

er 1697 anläßlich seiner Krönung zum König von Polen trug. Der ***Mathematisch-Physikalische Salon*** (im Nordwestpavillon) besitzt eine der wertvollsten Sammlungen von wissenschaftlich-technischen Geräten, Erd- und Himmelsgloben (13.–19. Jahrhundert), sowie Weltkarten und Atlanten. Die Uhrensammlung mit kostbaren Stücken (Sonnen- und Sanduhren, Kunst- und Automatenuhren, Tisch-, Wand- und Taschenuhren) hat Weltrang. Hervorgegangen ist das Museum aus Teilen der 1560 gegründeten kurfürstlichen Kunst- und Raritätenkammer. Im Kunstkammerinventar von 1587 sind unter den 10 000 Objekten 950 mathematisch-technische Instrumente verzeichnet. Zu den wertvollsten Kostbarkeiten des Mathematisch-Physikalischen Salons gehören die Globusuhr (Himmelsglobus, 1586) und die Astronomische Kunstuhr (Planetenlaufuhr). Die ständige Ausstellung »Das Tier in der Kulturgeschichte« des ***Tierkundemuseums*** umfaßt zahlreiche Objekte, angefangen von Insekten bis hin zum Säugetier. Bemerkenswert sind die umfangreiche Käfersammlung und Exponate verschiedener bereits ausgestorbener Tiere.

▽ Prunkharnisch für Roß und Reiter des Königs Erik XIV. von Schweden

Schloss (Residenzschloss)

Zu den beachtlichsten Renaissancebauten Deutschlands gehört sicherlich die ehemalige Residenz der Wettiner – die Baugeschichte des Schlosses, dessen Gebäude sich um drei Höfe gruppieren, reicht vom 12. bis zum Ende des 19. Jahrhunderts. Im 15./16. Jahrhundert wurde die ursprüngliche Burg zum prunkvollen Residenzschloß erweitert und umgebaut. Nach einem Feuer im Jahr 1701 ließ August der Starke von 1717–19 die Anlage in veränderter Form rekonstruieren. Die 800-Jahr-Feier des Hauses Wettin war Anlaß für einen weiteren ausgeprägten Umbau (1889–1901) im Stil der Neorenaissance. Nach der Zerstörung 1945 wird das Schloß seit 1986 wiedererrichtet. Große Teile sind schon fertiggestellt, bis zum Jahr 2006 (800-Jahr-Feier Dresdens) sollen die Arbeiten endgültig abgeschlossen sein, die Räumlichkeiten werden zahlreiche Museen der Staatlichen Kunstsammlungen aufnehmen (Grünes Gewölbe, Rüstkammer, Kupferstichkabinett, Kunstgewerbemuseum und das Münzkabinett). Rekonstruiert (1964–66) ist bereits das ***Georgentor*** (oder Georgenbau – Verbindung von Schloß und Stallhof); erbaut wurde es in der Zeit

Georgentor und Hausmannsturm ▽

von 1898–1901 durch Gustav Dunger und Gustav Fröhlich. Von Christian Behrens stammen das Reiterstandbild von Herzog Georg dem Bärtigen wie auch die plastischen Verzierungen. Der 1991 ebenfalls wiederhergestellte 101 m hohe ***Hausmannsturm*** wurde ursprünglich 1674–76 durch Wolf Caspar von Klengel errichtet, von der Balustrade kann man über ganz Dresden blicken. In der Silhouette Dresdens hat der Turm wieder einen markanten Platz eingenommen. Der vermutlich von Giovanni Maria Nosseni 1586–88 erbaute ***Lange Gang*** war zunächst Ahnengalerie der Wettiner, später dann Gewehrmuseum und wird heute als Verkehrsmuseum genutzt. Er verbindet das Georgentor mit dem Johanneum und an der Außenseite wurde der Fürstenzug angebracht. Mit seiner offenen, mit Wappen und Jagdtrophäen geschmückten Bogenarkade auf toskanischen Säulen grenzt der Lange Gang den ***Stallhof*** ab. Hier fanden früher ritterliche Spiele und höfische Turniere statt. Die bronzenen Ringelstechsäulen von 1601, die Ringelstechbahn und die Schwemme (Bad und Tränke für Pferde) erinnern daran. Es ist die einzige erhaltene Turnieranlage dieser Art in Europa.

▽ *Schloß (Residenzschloß)*

Fürstenzug

An der Außenfront des Langen Ganges vom Stallhof des Schlosses befindet sich der Fürstenzug, ein etwa 102 m langer Wandfries. Hier sind u. a. die 35 Herrscher der wettinischen Adelsdynastie vom 12.–20. Jahrhundert mit ihren Beinamen dargestellt. Unter den 93 Personen sind natürlich auch die bekanntesten Wettiner zu finden wie August der Starke (als polnischer König August II.) und sein Sohn Friedrich August II. (August III.). Ab 1872 wurde der Fürstenzug von Wilhelm Walther in der Sgraffitotechnik geschaffen – am Ende des Zuges hat sich der Künstler selbst verewigt. Da das monumentale Bild durch die Witterung schnell beschädigt war, übertrug man es 1906–07 auf fast 25 000 Meißner Porzellanfliesen – es ist das größte Porzellanbild der Welt. Im Zweiten Weltkrieg erlitt der Fürstenzug im Vergleich zu vielen anderen Sehenswürdigkeiten der Stadt nur geringfügige Beschädigungen, so mußten nur wenige Fliesen erneuert und ergänzt werden. Die Säuberungs- und Restaurierungsarbeiten erfolgten Ende der siebziger Jahre – seitdem ist der Fürstenzug wieder in seiner vollen Pracht zu bewundern.

▽ Stallhof

Fürstenzug ▷▷

Friedrich August I. der Starke (August II.), Rz. 1694–1733 ▽ ▽ Friedrich August II. (August III.), Rz. 1733–1763 *Fürstenzug* △▽

Johanneum (Verkehrsmuseum)

Unter Kurfürst Christian I. wurde das Bauwerk 1586–91 ursprünglich als Stallgebäude im Renaissancestil errichtet. Im 18. Jh. wandelten G. M. von Fürstenhoff und J. C. Knöffel den Bau zur Gemäldegalerie um. Nach weiterem Umbau 1872–76 in den Formen der Neorenaissance beherbergte das Johanneum (nach König Johann) das Historische Museum. Als einziges Gebäude des 1945 zerstörten Neumarkts wiederaufgebaut, gewährt es seit 1956 dem *Verkehrsmuseum* Domizil. Vor der Freitreppe steht der ***Türkenbrunnen.***

Taschenbergpalais

August der Starke ließ 1705–08 ein Palais für seine Mätresse, Gräfin Cosel, erbauen. Beauftragt wurden Christian Beyer, Johann Friedrich Karcher und Matthäus Daniel Pöppelmann. Zunächst stellte man das Hauptgebäude fertig, der West- und Ostflügel entstanden 1756 bzw. 1763. Nach dem Wiederaufbau infolge von Kriegsschäden wurde das Palais 1995 als Luxushotel (Hotel Kempinski) eröffnet. Den ***Cholerabrunnen*** errichtete man als Dank dafür, daß die 1840/41 in Sachsen wütende Cholera Dresden verschonte.

Johanneum ▽

Taschenbergpalais ▽

Frauenkirche – Neumarkt

Vor der vollkommenen Zerstörung im Zweiten Weltkrieg war der ***Neumarkt*** repräsentatives Zentrum der Altstadt von Dresden. Hier standen einst zahlreiche barocke Bürgerhäuser und die ***Frauenkirche***. Die protestantische Predigtkirche wurde ab 1727 nach Plänen des Baumeisters George Bähr gebaut, dieser ließ sich durch die Architektur italienischer Kuppelbauwerke inspirieren. 1743 vollendete George Bährs Schüler, Johann Georg Schmid, den 95 m hohen Barockbau mit seiner monumentalen Kuppel, nachdem Bähr 1738 gestorben war. Den Bombenangriffen in Dresden am 13./14. Februar 1945 hielt die Frauenkirche noch stand. Der darauffolgende Feuersturm in der Stadt machte allerdings auch vor dem Sandsteinbau nicht halt, so daß die innen ausgebrannte Kirche schließlich am 15. Februar 1945 in sich zusammen stürzte. Der offizielle Wiederaufbau begann am 27. Mai 1994; bis zum Jahr 2006 soll der Sakralbau wiederhergestellt sein. Hierfür werden auch die aus dem Schutt geborgenen Steine verwendet. Finanziert wird das gewaltige Vorhaben u. a. durch private Spenden und Sponsoren.

Die Frauenkirche zwischen den bürgerlichen Barockbauten des Neumarkts (Canaletto, um 1750) ▷

△ Lutherdenkmal vor dem Wiederaufbau der Frauenkirche

▽ Frauenkirche, Unterkirche

Wiederaufbau der Frauenkirche △

Brühlsche Terrasse

Vom »Balkon Europas« – so wurde die Brühlsche Terrasse bereits von Goethe gepriesen – hat man einen herrlichen Blick über die Elbe zum Neustädter Ufer, bis hin zu den Loschwitzer Höhen. Die Anlage erstreckt sich vom Schloßplatz aus etwa 500 m lang und bis zu 200 m breit entlang der Elbe. Kurfürst Friedrich August II. übertrug seinem späteren Premierminister Heinrich Graf von Brühl – daher auch der Name – das Terrain der damaligen Festungsanlagen. Dieser beauftragte Dresdner Künstler mit der Anlage prächtiger Bauwerke und der Gestaltung eines Lustgartens. Von den Gebäuden ist jedoch keines mehr erhalten; verblieben ist nur der *Delphinbrunnen* (1747–49 von Pierre Coudray errichtet). Das heutige Aussehen der Anlage stammt aus dem 19. Jh. Eine großzügige *Freitreppe* (erbaut von G. F. Thormeyer) führt vom Schloßplatz auf die Terrasse; seit 1868 wird sie durch die *Skulpturengruppe »Vier Tageszeiten«* von J. Schilling flankiert. Die ursprünglichen Sandsteinfiguren wurden später durch Bronzestatuen ersetzt. Gleich neben der Treppe befindet sich das ***Neue Ständehaus*** (ehem. Landtagsgebäude). An der Stelle

◁ *Neues Ständehaus und Freitreppe zur Brühlschen Terrasse*

Sekundogenitur mit Ernst-Rietschel-Denkmal ▽

des Brühlschen Palais entstand ab 1901 nach den Plänen von Paul Wallot, der auch Architekt des Berliner Reichstages war, der Neubau für das Sächsische Parlament. Nach den Zerstörungen 1945 wurde das Gebäude restauriert. Seit der Wiedervereinigung nutzte der Landtag den Bau allerdings nicht mehr für seine Sitzungen. Heute tagt das Parlament im neuen Landtagsgebäude nahe des Zwingers; nachdem man mit der Dreikönigskirche eine Übergangslösung gefunden hatte. Das Neue Ständehaus besitzt einen Innenhof und einen 50 m hohen Turm, der von der vergoldeten *»Saxonia«* bekrönt wird. Heute ist in diesem Bauwerk das *Staatliche Museum für Mineralogie und Geologie* untergebracht. Das erste Gebäude auf der Terrasse selbst ist die neobarocke ***Sekundogenitur***. Anstelle der Bibliothek des Grafen Brühl entstand 1896 der heutige Bau unter der Leitung von G. Fröhlich. Der lateinische Name erklärt sich dadurch, daß seinerzeit dem zweitgeborenen Prinzen (Sekundogenitur = zweite Geburt) das Gebäude mit den königlichen Sammlungen übertragen wurde. Heute gehört die Sekundogenitur zum »Hotel Dresden Hilton« und wird als Café genutzt. Davor steht das

▽ *Brühlsche Terrasse*

▽ *Albertinum*

Barocker Delphinbrunnen (1748, Pierre Coudrays) ▽

Ernst-Rietschel-Denkmal, welches an den Bildhauer und Professor der Kunstakademie erinnert. Zentrum der Brühlschen Terrasse ist die ***Kunstakademie*** (Hochschule für Bildende Künste) mit dem dazugehörigen ***Ausstellungsbau des Kunstvereins***. Fertiggestellt wurde der Komplex Ende des 19. Jh. durch K. Lipsus in einer Kombination aus Neorenaissance und Neobarock. Die in der Entstehungszeit außergewöhnliche pompöse Bauausführung war damals sehr umstritten. Die mächtige Glaskuppel – im Volksmund »Zitronenpresse« genannt – überragt die Anlage und setzt einen besonderen Akzent in der Stadtsilhouette Dresdens. Das *Semperdenkmal* zwischen der Kunstakademie und dem Albertinum schuf J. Schillings. Unterhalb der Treppe am Semperdenkmal befindet sich der Zugang zu den ***Kasematten*** – den ehemaligen Festungsanlagen Dresdens. Das ***Moritzmonument*** (1553) im Brühlschen Garten zeigt, wie Kurfürst Moritz seinem jüngeren Bruder August das Kurschwert überreicht. Das ***Albertinum*** entstand 1884–87 als mächtiger Vierflügelbau anstelle des ehemaligen Zeughauses. Benannt wurde das Bauwerk nach dem damaligen

▽ *Grünes Gewölbe, Zierschale mit dem Vogel Rockh und der Zauberin Medea*

»Mohr« mit der Smaragdstufe ▽

Regenten König Albert. Nach erheblichen Kriegsschäden im Jahr 1945 wurde das Albertinum wiederhergestellt und beherbergt heute interessante Museen. Die international anerkannte ***Gemäldegalerie Neue Meister*** zeigt Werke aus der Zeit der Romantik (u. a. Gemälde von C. D. Friedrich) bis in das 20. Jh. Im weltbekannten ***Grünen Gewölbe***, von 1723–29 durch August den Starken gegründet, sind Superlativen des Kunsthandwerks zu sehen: kostbare Stücke u. a. aus Elfenbein, Bernstein, Gold und Silber. Hervorzuheben ist besonders der Tischaufsatz »Der Hofstaat zu Delhi am Geburtstag des Großmoguls Aureng-Zeb«. Johann Melchior Dinglinger mit seinen Brüdern und 14 Gehilfen schufen dieses Kleinod der eruropäischen Juwelierkunst des Barock. Das Kunstwerk besteht aus einem Ensemble von 132 Figuren und 32 Geschenkgegenständen, tausende Edelsteine (u.a. 4909 Diamanten, 160 Rubine und 164 Smaragde) schmücken es. Ausstellungsstücke der ***Skulpturensammlung*** sind international bedeutsame Plastiken aus der Antike bis zur Gegenwart. Sehenswert ist ferner das ***Münzkabinett*** – die Sammlung gehört zu den bedeutendsten von Europa.

◁◁ Grünes Gewölbe – Kabinettstück »Der Hofstaat zu Delhi am Geburtstag des Großmoguls Aureng-Zeb

Kreuzkirche

Der heutige Bau hatte bereits mehrere Vorgänger und gehört mit 3 600 Plätzen zu den größten evangelischen Kirchen Deutschlands. Schon vor der Stadtgründung Dresdens um 1206 stand an der Stelle der heutigen Kreuzkirche eine Kapelle – die vorwiegend Handelsreisende zur Andacht nutzten. 1764–92 entstand die Kreuzkirche nach den Plänen von Johann Georg Schmid und Christian Friedrich Exner in der heutigen Form im Stil des Barock mit klassizistischen Elementen. Der Entwurf des *Turms* (94 m hoch) stammt von Gottlob August Hölzer, von hier hat man einen herrlichen Rundblick über die Stadt. Im Laufe der Geschichte brannte das Innere zweimal (1897 und 1945) aus, bis 1982 war die letzte Wiederherstellung abgeschlossen. Das Geläut wurde im Krieg glücklicherweise nicht in Mitleidenschaft gezogen – mit fünf Bronzeglocken ist es nach dem Geläut des Kölner Doms das zweitgrößte von Deutschland. Heute finden in der Kirche wieder Gottesdienste sowie Vespern und Konzerte statt – die 1963 eingeweihte *Orgel* besitzt 76 Register und 6 111 Pfeifen. Der berühmte *Kreuzchor* des Gotteshauses gehört zu den ältesten Knabenchören der Welt. In der *Heinrich-Schütz-Kapelle* rechts vom Haupteingang befindet sich das *Schützrelief* sowie das *Nagelkreuz* – ein Versöhnungsgeschenk der Kathedrale zu Coventry, die 1940 von Deutschland zerstört wurde.

◁ *Gemäldegalerie Neue Meister, »Das Kreuz im Gebirge« (Caspar David Friedrich)*

Kreuzkirche △▽

△ *Altmarkt, vorweihnachtlicher Striezelmarkt* *Altmarkt* ▽

▽ *Neues Gewandhaus*

▽ *Neues Rathaus*

Altmarkt

Das Zentrum der historischen Altstadt ist der erstmals 1370 genannte Altmarkt. Er war Markt- und Versammlungsplatz, bis in das 18. Jh. fanden hier auch prunkvolle Feste und Turniere statt. 1945 total zerstört, prägen heute die wiedererrichtete Kreuzkirche, verschiedene Gebäude mit Erkern und Arkaden sowie der Kulturpalast das Bild. In der Vorweihnachtszeit findet hier der stimmungsvolle Striezelmarkt statt.

Neues Gewandhaus

Für die Gewandschneider wurde das Haus 1768–70 nach den Plänen von J. F. Knöbel errichtet. Ab 1925 war hier die Stadtbank untergebracht. Nach dem Bombenangriff 1945 blieben nur die Außenmauern übrig, 1965/66 baute man das Haus wieder auf und erweiterte es.

Neues Rathaus

Unter dem Architekten K. Roth ist der Bau 1904–10 mit dem 100 m hohen Turm im Neorenaissancestil entstanden, die vergoldete Figur auf dem Turm (Rathausmann, Höhe 4,90 m) schuf R. Guhr. Im Zweiten Weltkrieg wurde das Bauwerk stark beschädigt. Nach der Restaurierung erinnert nur noch das Treppenhaus im Jugendstil an die früher reiche Innenausstattung.

Altes Landhaus (Stadtmuseum)

Das Landhaus ist im Stil des frühen Klassizismus von 1770–76 als Verwaltungs- und Tagungsstätte der sächsischen Landstände durch F. A. Krubsacius entstanden. Sehr reizvoll ist die doppelläufige Treppenanlage über drei Geschosse mit dem schmiedeeisernen Treppengeländer sowie die über 200 Jahre alten Putten und Vasen (G. Knöffler). Seit 1966 befindet sich hier das Stadtmuseum, nachdem der Bau infolge Kriegsschäden wiederhergestellt wurde. Das Museum informiert über die Geschichte der Stadt von der Gründungszeit bis zur Gegenwart.

Altes Landhaus (Stadtmuseum) ▽

YENIDZE

Prager Strasse

Die vom Hauptbahnhof zum Altmarkt führende Straße wurde bereits nach 1851 angelegt. Kurze Zeit später siedelten sich hier zahlreiche Geschäfte, Kunsthandlungen und Galerien, repräsentative Hotels, Cafés und Restaurants an; so wurde die Prager Straße elegantester Einkaufs- und Flanierboulevard Dresdens. Nach dem Luftangriff 1945 entstand von 1965–1974 die Straße unter Berücksichtigung der zeitgenössischen baulichen Gestaltung neu und lädt heute wieder zu einem ausgedehnten Einkaufsbummel ein.

Palais Brühl-Marcolini

1728 entstand an dieser Stelle ein erstes bescheidenes Palais. Heinrich Graf von Brühl, Premierminister von Kurfürst Friedrich August II., erwarb es 1736 und ließ es ausbauen. Man fügte die Seitenflügel hinzu und der Mittelbau wurde verändert. Dann kam das Palais an den italienischen Grafen Camilo von Marcolini, Kabinettsminister von König Friedrich August II. Später wohnten dann zeitweise auch Napoleon und Richard Wagner hier. Seit 1849 dient das Palais als Krankenhaus, weitere zahlreiche Veränderungen sind erfolgt.

◁◁ Tabakkontor Yenidze – ehemalige Zigarettenfabrik

△ Prager Straße

Hauptbahnhof (Bauzeit 1892–95) ▽

△ Palais Brühl-Marcolini

Mozartbrunnen auf der Bürgerwiese ▽

△ Deutsches Hygienemuseum

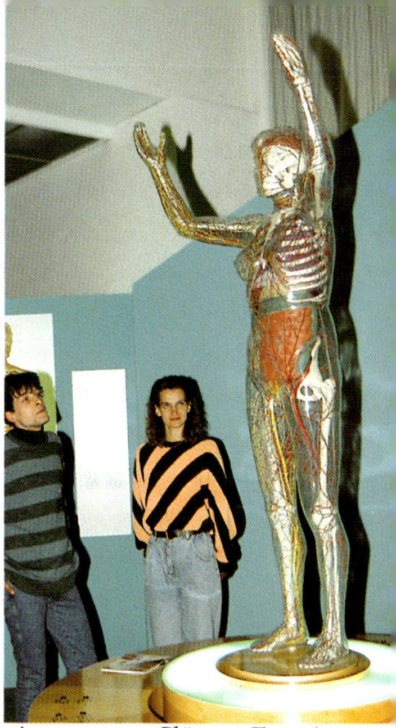

Deutsches Hygienemuseum, Gläserne Frau △

△ Großer Garten, Parkeisenbahn

Palais im Großen Garten ▽

Deutsches Hygienemuseum

Auf Intentionen des Pharmazie-Großindustriellen Karl August Lingner (Fabrikant des Mundwassers 'Odol') wurde 1911 das Deutsche Hygiene-Museum gegründet. Das Museum war von Beginn an auch als Lehr- und Bildungsstätte gedacht. Die heutige Vierflügelanlage entstand 1928–30 durch W. Kreis im Bauhausstil und wurde nach 1945 rekonstruiert. Die *Dauerausstellung »Der Mensch«* informiert u. a. über Hygiene sowie Anatomie und Physiologie des menschlichen Organismus, Attraktion ist die lebensgroße *»Gläserne Frau«*.

Grosser Garten

Die mit 2 km² größte und schönste Parkanlage Dresdens ließ ursprünglich Kurfürst Johann Georg II. anlegen, 1764 wurde sie im englischen Landschaftstil verändert und 1878 erweitert. Heute befinden sich im Park der *Zoologische* und *Botanische Garten*. Das sehenswerte *Gartenpalais* mit vier Pavillons steht im Zentrum der Anlage. Im *Freilichttheater* finden oft Veranstaltungen statt. Mit der *Parkeisenbahn* (die Abfertigung erfolgt durch Kinder) kann man den Großen Garten auf einer Strecke von 5,6 km durchqueren.

△ *Augustusbrücke und Schaufelraddampfer*

Jägerhof (Museum für Sächsische Volkskunst) ▽

»Pfunds Molkerei«

Der schönste Milchladen der Welt befindet sich an der Bautzner Straße im Herzen der Neustadt – einst gehörte dieses sehenswerte Kleinod zum Imperium der »Dresdner Molkerei Gebr. Pfund« (erster Hersteller von Kondensmilch in Deutschland). Nahezu alle Flächen des 1891 entstandenen und inzwischen aufwendig restaurierten Ladens sind mit künstlerisch handbemalten Fliesen – u. a. zum Thema Milchwirtschaft – belegt. Neben vielen internationalen Käsesorten findet man hier auch sächsische Spezialitäten, über dem Geschäft lädt das Café und Restaurant zu regionaler Küche ein.

Neustadt

Die rechtselbisch gelegene Neustadt entwickelte sich bis in das 16. Jahrhundert eigenständig als Altendresden und wurde 1550 eingemeindet. Man gelangt u. a. über die ***Augustusbrücke*** von der Altstadt zur Neustadt. Die alte Brücke entstammte ursprünglich dem 13. Jahrhundert, das heutige Bauwerk entstand 1907–10 neu nach historischem Vorbild. Direkt an der Augustusbrücke liegt der ***Neustädter Markt***. Von den wichtigen historischen Bauten blieb nach dem Zweiten Weltkrieg leider nichts erhalten. Zentrum des Platzes ist der ***Goldene***

▽ *»Pfunds Molkerei« – der schönste Milchladen der Welt*

Reiter. Das markante Reiterstandbild zeigt August den Starken als römischen Imperator – sein Blick ist Richtung Osten nach Polen gerichtet. An der Südseite des Neustädter Marktes befindet sich das ***Blockhaus***. Die Pläne hierfür erstellte Z. Longuelune, vollendet wurde es als Neustädter Wache von J. C. Knöffel. 1978–80 erfolgte die Rekonstruktion im Zustand des 18. Jahrhunderts. Eines der wenigen Bauwerke aus der Renaissancezeit in der Neustadt ist der ***Jägerhof***. Die meisten Gebäudeile wurden abgetragen, heute steht nur noch der Westflügel. Hier ist das *Museum für Säschsische Volkskunst* untergebracht. Das ***Japanisches Palais*** wurde 1715 ursprünglich als Holländisches Palais erbaut, 1728–36 erweiterte man es zum Vierflügelbau. An der Vollendung dieses barocken Prachtbaus waren namhafte Baumeister beteiligt: M. D. Pöppelmann, J. C. Knöffel, Z. Longuelune und J. de Bodt. Nachdem das Palais 1945 ausgebrannt war, befinden sich hier seit der Wiederherstellung das *Landesmuseum für Vorgeschichte* sowie das *Staatliche Museum für Völkerkunde*. Die ***Hauptstraße*** führt vom Neustädter Markt zum Albertplatz. In den siebziger Jahren wurde die Straße zum

Goldener Reiter auf dem Neustädter Markt ▽

Boulevard umgestaltet. Hier gibt es sehenswerte Bürgerhäuser, besonders bekannt ist das klassizistische ***Kügelgenhaus*** – benannt nach der Familie des Malers G. von Kügelgen. Der Sohn wurde u. a. durch sein autobiographisches Werk »Jugenderinnerungen eines alten Mannes« bekannt. Ferner war das Haus Treffpunkt bekannter Künstler jener Zeit wie H. von Kleist, J. W. von Goethe und C. D. Friedrich. Heute befindet sich hier das *Museum zur Dresdner Frühromantik*. Der ***Albertplatz*** ist ein wichtiger Verkehrsknotenpunkt – von ihm führen zehn Straßen in alle Himmelsrichtungen. Direkt am Neustädter Elbufer liegen die monumentalen Bauten des ***Finanzministeriums*** und der ***Sächsischen Staatskanzlei*** – beide Gebäude sind um 1900 entstanden. Die ***Dreikönigskirche*** (1739 vollendet) ist der bedeutsamste Kirchenbau der Neustadt. Nach Plänen und unter der Leitung von Pöppelmann und Bähr wurde die Kirche 1739 vollendet. Thomae schuf den Giebelschmuck zur Hauptstraße sowie den Altar. In der ***Äußeren Neustadt*** hat die Dresdner Szene ihre Heimat gefunden. Hier treffen sich vor allem junge Leute in vielen exzentrischen Cafés, Kneipen und Clubs.

▽ Kügelgenhaus

▽ Hauptstraße mit Kügelgenhaus

Artesischer Brunnen am Albertplatz ▽

Japanisches Palais ▽

Loschwitz

Dieser reizvolle Stadtteil Dresdens, der sich an den Elbhängen erstreckt, bietet viel Sehenswertes. *«Blaues Wunder»* – so wird die Hängebrücke genannt, welche Loschwitz und Blasewitz verbindet. Sie gehört zu den Wahrzeichen von Dresden und wurde 1891–93 erbaut. Mit 226 m Gesamtlänge und etwa 141 m Länge zwischen den Uferpfeilern gehört die Brücke zu den einzigartigen technischen Meisterwerken der damaligen Zeit. Der ursprünglich grüne Anstrich verfärbte sich blau – aufgrund dieser Tatsache sowie der damaligen technischen Meisterleistung setzte sich der Name »Blaues Wunder« durch. Die Standseilbahn (1895 erbaut, bis 1995 restauriert) zum Stadtteil *«Weißer Hirsch»* überwindet einen Höhenunterschied von ca. 99 m und führt direkt zum Aussichtsrestaurant 'Luisenhof'. Eine Schwebebahn aus dem vorigen Jahrhundert (bis 1991 rekonstruiert) führt zur 84 m höher gelegenen Loschwitzer Höhe. Ab 1880 nutzte der Maler E. Leonhardi die *«Rote Amsel»* (eine ehemalige Mühle) als Atelier – heute befindet sich in dem Fachwerkkomplex das ***Leonhardimuseum*** mit einer Galerie.

△ Loschwitz – Blaues Wunder

Loschwitz – Rote Amsel/Leonhardimuseum ▽

Meissen

Die »Wiege Sachsens« gehört zu den ältesten Städten Deutschlands. Bereits 929 entstand hier eine Burg, 968 wurde Meißen Bischofssitz und um 1200 Stadt. Im 15. Jh. verlor Meißen die historische Bedeutung an Dresden. Das Stadtbild wird beherrscht vom Ensemble der großartigen gotischen *Albrechtsburg* und des frühgotischen prächtigen *Doms*. In der *Schauhalle der Porzellanmanufaktur* sind kostbare Stücke aller Epochen zu sehen, in der *Schauwerkstatt* wird die Handwerkskunst anschaulich erläutert.

Moritzburg

Nordwestlich von Dresden liegt Moritzburg, Hauptattraktion ist das gleichnamige barocke Jagd- und Wasserschloß. Das ursprüngliche Jagdhaus von Herzog Moritz entstand 1542–46 inmitten einer reizvollen Wald- und Teichlandschaft. Im Auftrag Augusts des Starken wurde es dann 1723–36 im Stil des Barock umgebaut und zu einem Vierflügelbau erweitert. Verantwortlich hierfür waren M. D. Pöppelmann, Z. Longuelune und J. de Bodt. Die wertvolle Innenausstattung (Ledertapeten, Wandmalereien) ist weitgehend erhalten.

▽ *Meißen mit Albrechtsburg und Dom*

▽ *Meißen, Zinngießerwerkstatt*

Porzellanmalerin ▽

△ *Schloß Moritzburg*

Schloß Moritzburg, Monströsensaal ▽

Barockgarten Großsedlitz

Die schönste Parkanlage Sachsens in Heidenau-Großsedlitz ließ 1719 Graf Wackerbarth von J. C. Knöffel anlegen. 1723 erwarb August der Starke den einzigartigen Barockgarten, zur weiteren Gestaltung wurden M. D. Pöppelmann und Z. Longuelune hinzugezogen. Wegen Geldmangels blieb die Anlage allerdings unvollendet. Besonders sehenswert sind die *obere* und *untere Orangerie* sowie viele *Sandsteinskulpturen* im Park. Eine Attraktion ist die puttengeschmückte *Treppenanlage »Stille Musik«*.

Schloss Pillnitz

Am südöstlichen Stadtrand liegt reizvoll direkt am Elbufer Schloß Pillnitz. August der Starke ließ ab 1720 ein bereits bestehendes Renaissanceschloß durch Pöppelmann und Longuelune im Chinoiseriestil um das *Wasser-* und *Bergpalais* (heute *Kunstgewerbemuseum*) als Lustschloß und spätere Sommerresidenz erweitern. Das *Neue Palais* entstand anstelle des 1818 abgebrannten alten Schlosses. Eine besondere Attraktion im Park ist eine baumgroße japanische *Kamelie* (18 Jh. gepflanzt), die noch jedes Jahr blüht.

▽ *Barockgarten Großsedlitz, Friedrichsschlößchen*

▽ *Barockgarten Großsedlitz, Obere Orangerie, im Vordergrund die Treppenanlage »Stille Musik«*

△ *Schloß Pillnitz*

Schloß Pillnitz, Chinesischer Pavillon ▽

△ *Basteibrücke und Aussichtspunkt*

Blick vom Pfaffenstein zur Barbarine ▽

Sächsische Schweiz

Die Sächsische Schweiz im Elbsandsteingebirge, welches bis nach Böhmen reicht, umfaßt ein ca. 360 km^2 großes Naturschutzgebiet von Pirna bis zur tschechischen Grenze. Die Landschaft fasziniert durch Wälder, bizarre Sandsteinfelsen (u.a. *Pfaffenstein* – 429 m, *Barbarine* – 43 m hohe Felsnadel, *Gohrisch* – 440 m), riesige Tafelberge und tiefe Schluchten nicht nur Wanderer und Kletterer. Das reizvolle Städtchen ***Wehlen*** ist beliebter Ausgangspunkt für Wanderungen zur Attraktion in der Sächsischen Schweiz: die ***Bastei*** (305 m). Ein Pfad führt über die *Basteibrücke* (Felsbrücke) auf den Aussichtspunkt – von hier hat man einen herrlichen Ausblick (u.a. auf den ***Lilienstein***, 415 m). Hier oben gibt es auch ein schönes *Berghotel* mit Restaurant und Café. Am Fuße der bizarren Felswände des Basteimassivs liegt der attraktive ***Kurort Rathen*** – das Zentrum der vorderen Sächsischen Schweiz. Oberhalb des Ortes ***Königstein*** thront auf dem gleichnamigen Tafelberg die einst stärkste ***Festungsanlage*** Deutschlands (9,5 ha, 2200 m Brustwehr). Bedeutendster Fremdenverkehrsort des Elbsandsteingebirges ist ***Bad Schandau***.

Felsen der Gans • im Hintergrund der Lilienstein ▽

△ Festung Königstein

Schrammsteine bei Bad Schandau ▽